AF280942

Die richtige Menge

Haikus mit Bildern zum Nachdenken

Mein erster Dank geht an meine Lektorin Gudrun Rehmann, die wie immer geholfen hat.

Ein weiteres Dankeschön an die Betreiber und Fotografinnen und Fotografen der Internetseite: www.pixabay.com.

Dort finden Sie mehr als 700.000 Fotos, die jeder nutzen darf. Privat und kommerziell. Es ist kein Bildnachweis nötig. Sie können die Bilder nach Belieben verändern.

Miriam Pereluk

Die richtige Menge

Haikus mit Bildern zum Nachdenken

Bibliografische Information der Deutschen Nationalbibliothek:
Die Deutsche Nationalbibliothek verzeichnet diese Publikation in der Deutschen Natio-nalbibliografie; detaillierte bibliografische Daten sind im Internet über http://dnb.dnb.de abrufbar.

© *2016 Miriam Pereluk*
www.pereluk.de

Bilder: www.pixaby.com
Bilder: *Miriam Pereluk (Seite 24 , 28, 34, 36)*

Lektorat:
Gudrun Rehmann

Herstellung und Verlag:
BoD - Books on Demand, Norderstedt

ISBN: 9 783 839 151266

Wie ich zu den Haikus kam

2014 besuchte ich ein Zeltlager, auf dem Kreativität sehr gefördert wurde. Unter anderem bot eine Frau einen Schnupperkurs im Schreiben an. Aus welchem Grunde auch immer war ich die einzige Teilnehmerin. Ich genoss diese Einzelstunde.

Schon vor Jahren hatte ich mich kurz mit der Gedichtform „Haiku" beschäftigt, jedoch keinerlei Zugang dazu gefunden.

Die Leiterin erklärte, dass wir ein Haiku schreiben würden. Es ist eine japanische Gedichtform; sie besteht aus 3 Sätzen, die sich nicht reimen, mit 5, 7 und wieder 5 Silben.

Zuerst legten wir das Thema fest. Dann nahm jede ein großes Blatt und sammelte Stichpunkte. Aus den Wörtern formten wir Sätze. Und siehe da, nach einigen Minuten lag mein erstes Haiku vor mir.
Im Laufe der nächsten Tage fielen mir immer wieder kleine Gedichte ein, die auch andere Zeltlagerteilnehmer gut fanden.

Der Tag der Abreise kam. Mehr als 600 Reise-Kilometer lagen vor mir. Unterwegs kamen wie von selbst Sätze, die ich aufschrieb. Ich darf es ja fast nicht sagen: Während der Fahrt kramte ich Zettel und Stift hervor. Vorsichtig schrieb ich, mit der linken Hand fahrend, mit der rechten das Blatt auf das Lenkrad gedrückt, was mir in den Sinn kam.

Zu Hause angelangt erlebte ich Tage, an denen nicht ich, sondern „ES" schrieb. Was immer „ES" war. Ich saß am Küchentisch, notierte, so schnell ich nur konnte, was durch mich hindurch floss.

In den nächsten Wochen schrieb ich mehrmals in ein oder eineinhalb Stunden 30 – 50 Gedichte. Es geschah wie von selbst. Wenn ich etwas las, hing ich an einem Wort und schon purzelten die Sätze aus mir heraus. Es war ein unbeschreibliches Gefühl und ich empfand tiefe Dankbarkeit.

Innerhalb kurzer Zeit verfasste ich mehr als 1.500 Haikus. Auf den folgenden Seiten teile ich einige mit Ihnen.

Die Internetseite: www.pixabay.com bietet Bilder, die zu meinen Texten passen.

Ich schreibe nicht für die Schublade, sondern möchte Menschen anregen, informieren oder Ihnen ein Lächeln entlocken.

Viel Freude beim Lesen.

Die richtige Menge

Das Fass läuft über,
Ist nur ein Tropfen zu viel.
Pass stets darauf auf.

Innerer Peilsender

Ist das Leben grau?
Licht findet dich, wo du bist.
Verlass dich darauf.

Von Oben

Bleib nicht am Boden
Erhebe dich in die Luft
Das geht auch im Kopf

Traumurlaub

Brauchst du mal Urlaub?
Das nötige Geld fehlt dir?
Träume dich dorthin!

Ladestation

Ich zeige ihn dir
Den geheimen Ort des Lichts
Füll die Batterie

Tod

Ist das schon alles?
Danach geht es noch weiter.
Ich hab´ keine Angst.

Ursprünglich

Aus einer Quelle
Entspringen Licht und Dunkel
Ich brauche beides

Kindheit

Als Kind gefangen
So klein war die ganze Welt
Jetzt ist sie riesig

Einsamkeit

Fühlte mich allein
Niemand erkannte den Schmerz
Das ist heut´ noch so

Ohne Unterschied

Ob Tier oder Mensch
Jeden kann Trauer treffen
Gib ihnen Liebe

Balance

Du brauchst sie immer
Stete Ausgeglichenheit
Sonst kannst du fallen

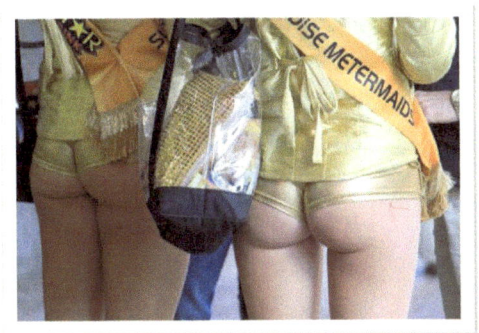

Mode

Besser etwas mehr!
Im Winter ist´s von Vorteil,
Schauen Sie doch selbst.

Erziehung

Schau, ist der nicht süß?
Er braucht Grenzen von klein auf,
Sonst wird's gefährlich.

Säen und ernten

Das Tal ist fruchtbar
Zeit und Arbeit kostet es
So kannst du ernten

Grauer Besuch

Die Depression
Kommt oft, wenn ich allein bin.
Schlechte Gesellschaft.

Liebesdienst

Lerne zu lieben
Durch Worte, Taten, Lächeln.
Unschätzbarer Wert.

Verirrt

Zeig mir meinen Weg,
Durchs Dickicht sehe ich ihn nicht.
„Schau doch von oben!"

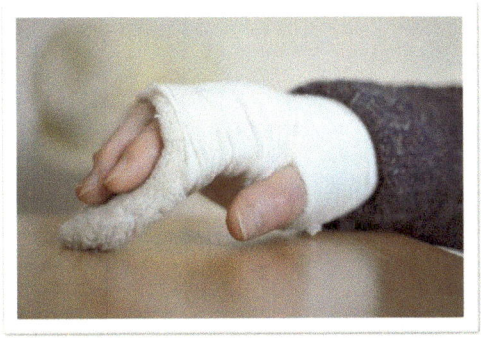

Auszeit:

Stillgelegt worden
Nur die Hand ist gebrochen
Geistig sehr rege

Gefühle zulassen

Ziemlich verschlossen.
Gefühle nicht verbergen,
Lass sie ruhig zu.

Ende des Tunnels

Unten war ich oft.
Er half mir, das Licht zu seh´n.
Bin jetzt meist oben.

Freudenspender

Lächle noch viel mehr,
Verschwende diese Magie.
Eine Kraftquelle!

Zurück zu Gott

Reise schon lange
Und der Weg ist meistens schmal
Brauche kaum Gepäck

Alt und steif

So steif geworden
Lebenslust hinkt hinterher
Liebe macht fliegen

Gib es mir

Talsohle – Stillstand.
Warum tu ich mir das an?
Erhell mein Dunkel!

Fliegen

Fliegen fliegen schnell.
Im Essen mag ich sie nicht,
Hau ab oder peng!

Alte Weisheit

Viel altes Wissen
Erworben vor langer Zeit
Dem Himmel ganz nah

Blätter

Ein leuchtendes Grün
Der Schmuck so manchen Baumes
Wechselt jedes Jahr

Neuanfang

Stets derselbe Trott
Da ist so viel mehr in mir
Zeit zum Verändern

Richtungsänderung

Ein Fähnchen im Wind
Wird hin- und hergerissen
Das liegt hinter mir

Hoch hinaus

Sitz´ auf der Palme.
Hab´ mich selbst raufgeschossen.
Sehr nette Aussicht.

Himmel und Erde

Mehr als nur leben.
Es gibt unten und oben,
Wo willst du jetzt sein?

Richtige Gärung

Leben macht mürbe.
Guter Wein braucht seine Zeit.
Ein Reifungsvorgang.

Beschwerlich

Steine vor dem Licht:
Den Weg der Liebe gehen.
Blasen heilen schnell!

Alles Gute kommt von oben

Das Licht von oben
Reinigt, heilt und hebt dich an.
Es wartet auf dich.

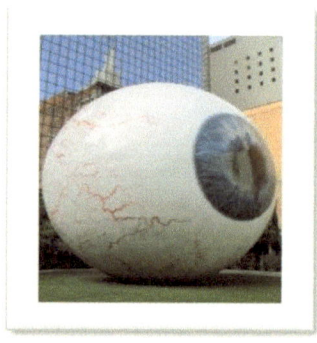

Versteckte Geschenke

Viele Geschenke
Überall um dich herum.
Lern - sie zu sehen.

Überall

Mach die Augen auf
Die Welt ist voller Wunder
Lern sie zu sehen

Nicht schon wieder

Spring doch darüber
Drinnen warst du oft genug
Misthaufenweitsprung

Früher

Die Fabriken voll,
Von Kinderhand erschaffen.
Alt schon mit fünfzehn!

Das zählt

Geld, Ruhm, Haus und Macht
Sind nicht das, was wirklich zählt:
Liebe und Güte!

Liebe statt Krieg

Glaubst du das wirklich?
Gewalt bringt keinen Frieden.
Den schenkt nur Liebe.

Was hindert dich?

Ändre dein Leben!
Bist du meist unzufrieden,
So liegt es an dir.

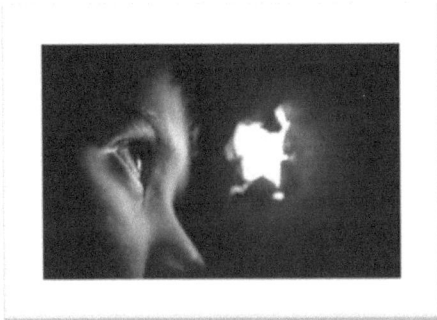

Blockierende Angst

Hab´ sie schon immer,
Angst, die Meinung zu sagen.
Innerlich blockiert.

Mensch, ärgere dich nicht

Ärger vergiftet!
Erzeugt Schaden im Körper.
Es geht auch ohne.

Fanatismus

Der blinde Glaube.
In Namen des Herrn morden:
Gotteslästerung!

Liebe für alle

Sie quälten sich stumm
Auch Tiere brauchen Liebe
Behandle sie gut

Wohnsitz Gottes

Allgegenwärtig
Er wohnt in meinem Herzen
Immer, jederzeit

Folgenschwer

Aus dem Gleichgewicht.
Negative Gedanken.
Unguter Zustand.

Unter Beschuss

Der Einfluss ist groß:
Radio und Fernsehen.
Wir verrohen schon.

Grab tiefer

Suche das Gute.
Es ist viel zu oft verdeckt.
Trotzdem ist es da.

Weit weg

An Gewalt gewöhnt
Durch Radio und Fernsehn.
Betrifft mich ja nicht!

Herausforderung

Ist es ein Problem?
Sieh´s als Herausforderung.
Sie macht dich stärker!

Traumwelt

Jeder hat die Kraft.
Sei Architekt der Träume!
Bau dir deine Welt.

Schullaufbahn

Schule des Lebens.
Wieder und wieder geprüft.
Nicht immer versetzt.

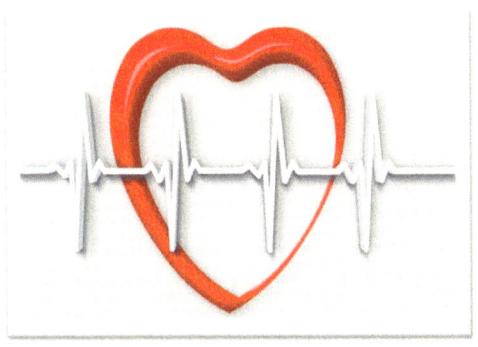

Hallo, hallo, ist da wer?

Irr nicht mehr weiter.
Wieso suchst du mich außen?
Ich bin doch in dir.

Ausklang:

Ich hoffe, das ein oder andere Haiku hat Ihnen gefallen.

Schauen Sie auf meine Internetseite: www.pereluk.de. Dort finden Sie Postkarten mit Haikus, Sprüchen und Geschichten zum Ausdrucken oder als Bildschirmschoner.

Sie haben Ärger oder sind unausgeglichen. Vielleicht hilft Ihnen ja eine meiner 10 Entspannungs-Alben zum Herunterladen mit vielen verschiedenen Übungen zur Aktivierung von Selbstheilungskräften, um Druck abzubauen, wieder ins Gleichgewicht zu kommen und Energie zu tanken:
- In Bewegung bringen
- Engelmassage
- Lächeln
- Lieben
- Loslassen
- Rückzugsort
- Schweben
- Inneres Wachsen
- Wolkenflug
- 2-Minuten-Übungen

Ihr Gedächtnis und/oder die Konzentration lassen nach. Sie finden zwei E-Books im PDF-Format zum Selbstausdrucken mit mehr als 1.600 Übungen. Einiges können Sie unterwegs ohne Papier und Stift trainieren.

Außerdem finden Sie ein Haiku-Frage-und-Antwortbuch sowie die passenden 516 Haiku-Karten zum Selbstausdrucken.

Sie haben eine Frage? Die Karten antworten, oft mit einer erstaunlichen Genauigkeit.

Über Rückmeldungen und Anregungen freue ich mich.

Einen schönen Tag noch.

Mit freundlichem Gruß
Miriam Pereluk